Sainte Jeanne Jugan

Du même auteur

Sagesse d'un pauvre, Éditions Franciscaines, 1959. Réédition Desclée de Brouwer, 1991.

Exil et Tendresse, Éditions Franciscaines, 1962.

Le Cantique des créatures ou les Symboles de l'union, Desclée de Brouwer, 1970.

Le Chant des sources, Éditions Franciscaines, 1976.

Le Peuple de Dieu dans la nuit, Éditions Franciscaines, 1976. Réédition Desclée de Brouwer, 2003.

François d'Assise. Le retour à l'Évangile, Desclée de Brouwer, 1981. Réédition 1998.

Matthias Grünewald. La nuit est ma lumière, Desclée de Brouwer, 1981. Réédition 1994.

Le Royaume caché, Desclée de Brouwer, 1987.

Dieu plus grand, Desclée de Brouwer, 1990.

Rencontre d'immensités, Desclée de Brouwer, 1993.

Un maître à prier : François d'Assise, Éditions Franciscaines, 1993.

Chemin de contemplation, Desclée de Brouwer, 1995.

Le *Maître du désir. Une lecture de l'évangile de Jean,* Desclée de Brouwer, 1997.

Le Soleil se lève sur Assise, Desclée de Brouwer, 1999.

Jeanne Jugan, le Désert et la Rose, Desclée de Brouwer, 2000.

Chagall, un vitrail pour la paix, Éditions Fleurus-Mame, 2001.

Pâques en Galilée ou la rencontre du Christ pascal, Desclée de Brouwer, 2003.

Le Père immense. Une lecture de la lettre aux Éphésiens, Desclée de Brouwer, 2006.

Le Royaume révélé aux petits, Desclée de Brouwer, 2009.

Éloi Leclerc

Sainte Jeanne Jugan

« Tendresse de Dieu pour la Terre »

Desclée de Brouwer

47, rue de Charenton, 75012 Paris
ISBN : 978-2-220-06125-2

Préface

L'Église, en canonisant Jeanne Jugan, en religion sœur Marie de la Croix, proclame sa sainteté. Mais qui est donc Jeanne ? Peu de gens la connaissent vraiment. Non parce que sa vie se serait déroulée loin de nous dans le temps ou dans l'espace, mais tout simplement parce qu'elle-même s'est effacée derrière son œuvre.

On connaît, en effet, l'œuvre des Petites Sœurs des Pauvres qui accueillent dans leurs maisons de retraite les personnes âgées les plus démunies. Mais la fondatrice, elle, reste dans l'ombre.

Ce petit livre, consacré à Jeanne, se propose de la tirer de l'ombre, en déroulant, dans une première partie, le film de sa vie : les événements qui l'ont marquée depuis sa naissance à Cancale, en 1792, dans une modeste famille de marin pêcheur, jusqu'à sa mort en 1879, à La Tour Saint-Joseph, en Saint-Pern. Nous verrons comment est née et s'est développée l'œuvre à laquelle Jeanne s'est totalement consacrée ; et comment elle-même s'est vue dépouillée, d'une manière arbitraire, de son œuvre, et condamnée à l'inaction et à l'oubli, durant les vingt-trois dernières années de sa vie, à La Tour Saint-Joseph.

Nous ne pouvions en rester là. Le déroulement de la vie de Jeanne nous conduit tout naturellement, dans la seconde partie de cet ouvrage, à nous interroger sur le secret de sa vie. Comment, en effet, ne pas s'étonner devant cette femme qui, merveilleusement douée pour l'action, se laisse déposséder de son œuvre, sans se révolter, et qui, dans le silence et l'oubli, parvient à s'épanouir intérieurement comme une rose dans le désert ? Il nous fallait entrer dans le secret de Jeanne pour découvrir le sens de sa vie et la source de son dynamisme.

En canonisant Jeanne, l'Église veut marquer de son sceau l'authenticité de l'œuvre de Dieu en elle. Elle reconnaît dans sa vie l'œuvre de l'Esprit Saint. Elle nous fait voir comment Jeanne est devenue elle-même cette œuvre. Elle propose à notre temps, comme une grâce du Seigneur et comme un exemple à suivre, cette figure éminemment évangélique.

I

Le film d'une vie
1792-1879

Un pays de marins

Cancale : port de pêche sur la Manche, à l'ouest de la baie du Mont-Saint-Michel. C'est là que naquit en 1792, en pleine tourmente révolutionnaire, celle qui allait devenir la fondatrice des Petites Sœurs des Pauvres : Jeanne Jugan.

À cette époque, Cancale comptait un peu plus de trois mille habitants, dont neuf cents regroupés au lieu-dit La Houle, en bordure du port. Près de soixante-quinze pour cent de la population vivaient de la mer. Une centaine de « barquasses » (bateaux) mouillaient dans le port. On pêchait les huîtres et le petit poisson dans la baie. Des bateaux plus grands partaient pêcher

La petite Jeanne mène paître les vaches sur
les hauteurs qui dominent la baie du Mont-Saint-Michel.

La maison natale et la chapelle de Notre-Dame du Verger.

la morue sur les bancs de Terre-Neuve ; d'autres enfin sillonnaient les mers du globe pour le commerce.

Les Cancalais ont toujours été des gens de plein vent, au teint hâlé, au regard franc tourné vers les vastes horizons. Petit peuple entreprenant, tenace et fier.

Une humble chaumière

En cette période troublée de la Révolution française, appelée la Terreur, la ténacité et la fierté, sur cette terre bretonne, avaient un nom : la fidélité.

Une fidélité vécue dans l'ombre, enracinée dans les cœurs, comme dans cette humble chaumière, au milieu des champs, au hameau des Petites Croix, non loin du bourg de Cancale. Là, dans ce foyer de pauvres gens, vint au monde, le 25 octobre 1792, une petite fille, le sixième enfant de Marie Horel, épouse de Joseph Joucan (Jugan). Baptisée le jour même, l'enfant reçut le nom de Jeanne. Grande joie, ce jour-là, au hameau des Petites Croix. Mais aussi anxiété : le papa était absent. Embarqué pour Terre-Neuve le 25 avril, il ne reviendra que le 12 novembre.

Une famille de pauvres

Jeanne grandit, jouant et riant au milieu des enfants de son âge. Mais elle connaît de bonne heure la tristesse et la souffrance. Quatre de ses frères et sœurs meurent en bas âge. En 1796 le papa, de nouveau en mer, ne revient pas. Il ne reviendra jamais. La famille est pauvre. Elle manque parfois du nécessaire. La maman fait des journées de travail. Et la petite Jeanne mène paître les vaches sur les hauteurs qui dominent la baie du Mont-Saint-Michel.

Jeanne s'éveille à la foi

Les terreurs de la Révolution s'éloignent peu à peu. En 1802, l'église paroissiale est rendue au culte. Jeanne a dix ans. On ignore la date de sa première communion. Quelle formation religieuse a-t-elle reçue ? Sa mère lui a appris à prier, à dire le chapelet. Peut-être a-t-elle aussi bénéficié de l'éveil à la foi que dispensaient en secret les tertiaires de saint Jean Eudes.

Vers quinze-seize ans, Jeanne est placée comme aide-cuisinière à La Mettrie-aux-Chouettes, près de Cancale. Elle est accueillie maternellement dans cette malouinière par Mme de La Chouë. Employée à la cuisine, elle est aussi associée au service des pauvres. Elle visite des familles indigentes et des vieillards isolés.

En 1816, une grande mission paroissiale de trois semaines est prêchée à Cancale. Jeanne la suit avec recueillement et ferveur.

« Dieu me veut pour Lui »

Jeanne a maintenant vingt-quatre ans. C'est une belle jeune fille, grande, élancée. Son visage aux traits réguliers s'illumine d'un beau regard et d'un gracieux sourire. Un jeune marin voudrait l'épouser. Mais Jeanne décline sa demande.

Au plus profond d'elle-même, elle entend un appel. Elle s'en explique à sa mère, avec gravité : « Dieu me veut pour Lui. Il me garde pour une œuvre qui n'est pas connue, une œuvre qui n'est pas encore fondée. »

De quel grand large lui viennent ce souffle et cet appel ? Les femmes de Cancale ont du caractère ; elles ont aussi un grand cœur. Lorsque l'une d'elles est dans le besoin, les voisines accourent. Jeanne l'a expérimenté maintes fois. Elle aussi a un grand cœur : un cœur immense comme la mer. C'est ce cœur que Dieu veut pour lui, et qu'il garde pour un amour à la dimension du monde.

Saint-Servan : à l'hôpital du Rosais

Au cours de l'année 1817, Jeanne quitte la maison familiale et vient habiter seule à Saint-Servan (commune proche de Saint-Malo). Elle laisse à ses sœurs tout ce qu'elle a d'élégant. Elle ne sait pas encore ce que Dieu attend d'elle. Mais elle est attirée vers le service des pauvres.

Des pauvres, il n'en manque pas, à cette époque, dans la commune de Saint-Servan. Plus de la moitié de la population vit sous le seuil de pauvreté. Jeanne entre, comme aide-soignante, à l'hôpital du Rosais, le seul hôpital de la ville, où s'entassent malades et indigents. Elle les servira pendant six ans.

Une mission paroissiale, prêchée à l'église de Saint-Servan durant cinq semaines, aide Jeanne à approfondir sa foi. Elle adhère alors au tiers-ordre fondé par saint Jean Eudes, dont la spiritualité est tout orientée vers

C'est ce cœur que Dieu veut pour lui,
et qu'il garde pour un amour à la dimension du monde.

Jeanne au travail à l'hôpital du Rosais.

une relation aimante avec le Seigneur et une charité « tendre et active » envers tous.

L'attente

Une grande fatigue oblige Jeanne à cesser son activité à l'hôpital du Rosais. Mademoiselle Lecoq, une servannaise, de vingt ans son aînée, la prend chez elle comme servante et amie. Les années passent. Et Jeanne ne sait toujours pas quelle est cette œuvre inconnue à laquelle Dieu la destine.

À la mort de sa patronne en 1835, elle loue avec une amie, Françoise Aubert, un logement au centre de Saint-Servan. Bientôt une jeune fille de dix-sept ans, Virginie Trédaniel, se joint à elles. Et toutes trois mènent une vie de prière et de charité. Jeanne fait des ménages et des lessives.

L'hiver 1839-1840 : l'heure de Dieu

Jeanne a quarante-sept ans. Nous sommes au début de l'hiver 1839. Les vents froids du nord soufflent de la mer. Jeanne découvre la détresse d'une vieille femme aveugle et infirme, laissée à elle-même. Son cœur s'émeut. C'est l'heure où Dieu lui fait signe. Elle décide, avec l'accord de ses deux compagnes, d'accueillir chez elle la pauvresse. Elle lui offre son lit. Et elle-même monte au grenier pour dormir.

Une brèche vient de s'ouvrir dans sa vie, par où va s'engouffrer le Souffle de Dieu, avec toutes les détresses et les solitudes d'une humanité souffrante. Une grande aventure commence. Humblement, sans discours, sans bruit, sous une pauvre mansarde. Une deuxième pauvresse est bientôt accueillie, puis une troisième.

Une amie de Virginie Trédaniel, Marie Jamet, vient leur apporter son aide. Elle ne tardera pas à s'adjoindre au groupe. Une autre jeune fille, Madeleine Bourges, accueillie comme malade, devient, une fois guérie, une aide précieuse. C'est une vraie contagion de la charité. Ainsi se forme une association charitable qui se donne un règlement de vie, inspiré du tiers-ordre fondé par saint Jean Eudes.

La petite communauté, avec son projet de vie, trouve un soutien en la personne d'un jeune vicaire de la paroisse de Saint-Servan, l'abbé Le Pailleur, qui devient leur conseiller. Il sera un appui efficace, mais il sera aussi pour Jeanne la source de grandes épreuves.

Le recours à la quête

En 1841, le nombre des personnes âgées secourues ne cessant de croître, les trois amies louent une maison, Le Grand-en-Bas. Mais très vite le local s'avère insuffisant.

Alors, avec l'aide de l'abbé Le Pailleur, Jeanne acquiert l'ancien couvent des Filles de la Croix, non loin de l'église paroissiale. Encouragée par les Frères de Saint-Jean-de-Dieu, elle se met à quêter. « Cela me coûtait, avouera-t-elle plus tard, mais je le faisais pour le bon Dieu et pour les pauvres. » On raconte qu'un jour un vieux célibataire, irrité, la gifla. Elle répondit doucement : « Merci ; la gifle est pour moi. Maintenant, donnez-moi pour mes pauvres, s'il vous plaît ! »

Naissance d'une communauté

Le 29 mai 1842, rassemblée autour de l'abbé Le Pailleur, la petite association précise son règlement, en s'inspirant de la règle des Frères de Saint-Jean-de-Dieu. Elle choisit Jeanne comme supérieure. Première étape vers la formation d'une nouvelle communauté.

L'année suivante (1843), Jeanne est réélue supérieure. Mais, coup de théâtre, l'abbé Le Pailleur,

Ce n'est plus Jeanne qui aime et qui agit,
c'est l'amour même de Dieu qui, à travers elle,
se répand sur le monde.

La première communauté : quatre membres,
Jeanne comme supérieure.

de sa propre autorité, casse l'élection et choisit, à la place de Jeanne, la timide Marie Jamet, plus jeune et aussi plus malléable. Jeanne s'incline. Imperturbable, elle va de l'avant, portée par son grand cœur. L'œuvre est lancée. Rien ne saurait l'arrêter. À vrai dire, ce n'est plus Jeanne qui aime et qui agit, c'est l'amour même de Dieu qui, à travers elle, se répand sur le monde.

De la mansarde à l'Académie française : le prix Montyon

L'œuvre allait connaître un développement rapide et surprenant.

Elle répondait à un grand besoin de l'époque. Il n'existait rien alors dans la société pour les vieillards sans ressources. Pas de pensions, pas de Sécurité sociale, pas de maisons de retraite. C'était le vide. L'initiative de Jeanne relevait d'une intuition prophétique. Elle voyait loin. Il ne s'agissait pas seulement pour elle de loger et de nourrir les personnes âgées pauvres, mais plus encore de leur apporter respect, considération, amour.

Sitôt connue, l'œuvre fut applaudie en haut lieu. Le 11 décembre 1845, l'Académie française décerne à

Jeanne le Prix Montyon. Sous la coupole, devant un illustre auditoire où figurent Chateaubriand, Victor Hugo, Lamartine, Thiers, Guizot… Monsieur André Dupin fait un vibrant éloge de Jeanne. Il conclut ainsi son discours : « Comment Jeanne a-t-elle pu suffire à tant de dépenses ? Que vous dirais-je, messieurs ? La Providence est grande. Jeanne a les prières ; Jeanne a les larmes ; Jeanne a le travail ; Jeanne a son panier qu'elle emporte sans cesse à son bras et qu'elle rapporte toujours plein. Sainte fille ! L'Académie dépose dans ce panier la somme dont elle peut disposer : elle vous décerne un prix de trois mille francs ! »

La presse se fit aussitôt l'écho de cet hommage. La Loge maçonnique elle-même se joignit à la louange. En 1848, Louis Veuillot publiera un long article, dans *L'Univers,* sur l'œuvre de Jeanne.

« Je me crus en présence d'un être supérieur »

En 1846, un touriste anglais, attiré par la réputation de Jeanne, vint la visiter à Dinan. Impressionné, il écrit : « Il y a dans cette femme quelque chose de si calme et de si saint qu'en la voyant, je me crus en la présence d'un être supérieur. […] Je lui ai dit qu'après avoir parcouru la France, elle devrait venir en Angleterre nous apprendre à soigner nos pauvres ; elle me répondit que, Dieu aidant, elle irait si on l'y invitait. »

Une cascade de fondations

De 1846 à 1852, on assiste à une vraie cascade de fondations. Des maisons s'ouvrent à Rennes, Dinan, Tours, Paris, Nantes, Besançon, Angers, Bordeaux, Rouen, Nancy…

Entre-temps, Jeanne, conseillée par le père Félix Massot, ancien Provincial de l'ordre hospitalier des Frères de Saint-Jean-de-Dieu, mettait au point une règle plus élaborée. En 1849, la congrégation adopte définitivement l'appellation populaire *Petites Sœurs des Pauvres.*

En 1851, s'ouvre la première maison en Angleterre.

Jeanne partout présente

Durant ces années, Jeanne est partout présente. Elle vole, infatigable, d'une ville à l'autre. Ici elle ouvre une maison ; là elle se porte au secours d'une fondation en

Il y a dans cette femme
quelque chose de si calme et de si saint.

Pour son action en faveur des personnes âgées pauvres,
Jeanne reçoit le Prix Montyon.

difficulté. Elle répond au moindre appel. C'est elle que l'opinion publique connaît et célèbre.

En 1850, on compte plus d'une centaine de Petites Sœurs, onze maisons, mille cent vieillards secourus.

Le coup d'arrêt

L'activité de Jeanne et sa popularité croissante inquiétaient l'abbé Le Pailleur. Elles lui portaient ombrage. Il désirait tant être considéré, lui, comme le fondateur de l'œuvre. Or celle-ci semblait lui échapper.

En 1852, Jeanne est appelée à Rennes où se trouvent alors la maison mère et le noviciat. L'abbé Le Pailleur lui demande de cesser toute activité extérieure et toute relation suivie avec les bienfaiteurs. Elle doit se considérer à l'avenir comme une simple sœur, sans aucune autorité ni responsabilité. Dorénavant, elle ne sera connue que sous son nom de religion : sœur Marie de la Croix.

Jeanne obéit, sans protester. Désormais, tout dans la congrégation allait se décider sans elle. Quatre années se passent ainsi dans le silence de La Piletière à Rennes. L'œuvre continue néanmoins de se développer, en

France comme à l'étranger, avec l'aide providentielle du père Ernest Lelièvre, prêtre du Nord qui se consacra entièrement à l'œuvre des Petites Sœurs. En 1854, la congrégation compte cinq cents Petites Sœurs et trente-six maisons.

1856 : La Tour en Saint-Pern

Le nombre des novices ne cesse de croître. Les Petites Sœurs acquièrent la propriété de La Tour en Saint-Pern, à trente-cinq kilomètres au nord-ouest de Rennes, afin d'y placer la maison mère et le noviciat.

Jeanne aussi doit se rendre à La Tour. Elle ne logera pas dans la partie réservée aux instances dirigeantes. Reléguée au milieu des novices, elle partagera leur vie.

Le Désert…

Privée de toute activité extérieure, dépouillée de toute responsabilité, écartée du conseil de la congrégation, vouée au silence et à l'oubli, Jeanne se retrouve toute petite dans cette grande propriété, loin de la ville où elle avait des amies et des connaissances. Tout lui est enlevé. C'est le désert.

Il lui reste son grand cœur, trop grand pour se replier sur lui-même. Et la compagnie des novices qu'elle aime. Aucune plainte, aucune amertume dans ce cœur qui ne saurait se fermer.

Cependant Jeanne était pleinement lucide. Un jour, elle dit à l'abbé Le Pailleur : « Vous m'avez volé mon œuvre. Mais je vous la donne de bon cœur. » Ce détachement n'allait pas sans souffrance. À une amie venue la visiter, elle déclara : « Ne m'appelez plus Jeanne, mais Sœur Marie de la Croix. » Son amie la regarda. Jeanne se taisait. C'était le silence de Marie au pied de la Croix.

On ne la ménageait pas à La Tour. Quand on enseignait aux novices les origines de la congrégation, on taisait son nom. Elle n'existait pas. Le fondateur, c'était l'abbé Le Pailleur. Tout le monde devait le savoir. Un jour une novice apprit par ses parents la véritable origine de la congrégation et le rôle primordial de Jeanne ; elle vint donc la questionner à ce sujet. Jeanne répondit simplement : « Profitez bien de votre noviciat, soyez fervente, fidèle à notre sainte règle. » Puis elle ajouta : « Vous ne saurez jamais ce qu'elle a coûté. »

« Ce qu'elle a coûté », nul ne le saura jamais. Cela restera le secret de Jeanne. Elle aurait pu protester, en appeler à une autorité supérieure. Jeanne préféra se taire. Elle se laissa dépouiller de ce qui lui tenait le plus à cœur : son œuvre, l'œuvre à laquelle Dieu l'avait destinée. Elle comprit, dans le silence et la patience, que maintenant Dieu lui demandait de s'en remettre totalement à Lui, afin de devenir elle-même l'œuvre de Dieu. En grande pauvreté de cœur.

… et la Rose

Les personnes qui ont entrepris de grandes choses et connu le succès et la notoriété éprouvent souvent une sorte d'effondrement intérieur quand, pour une raison ou une autre, elles se voient dépouillées de toute activité et de toute responsabilité. Reléguées dans l'ombre et l'oubli, elles ont l'impression d'être jetées dans un grand vide. Elles ne sont plus que des épaves et parfois des épaves pleines d'amertume.

Ce ne fut pas le cas de Jeanne. Sa vie reposait sur une plénitude intérieure. Le calme et la sérénité dont elle fit preuve tout au long de ces vingt-sept ans de désert révèlent la solidité de sa foi et aussi la profondeur de ce cœur fait pour aimer, incapable de se replier sur soi.

L'évangéliste saint Luc écrit de Jésus : « On parlait de lui de plus en plus. De grandes foules accouraient pour l'entendre et se faire guérir de leurs maladies. Mais lui se retirait dans les endroits déserts et il priait » (Lc 5,15-16). Jeanne suivit cet exemple. Souvent on la voyait se retirer dans la solitude des champs ou des bois, le chapelet à la main. Et son désert fleurissait.

Jeanne ne s'est jamais enfermée dans la nostalgie du passé. Quant à l'avenir, elle l'avait remis entre les mains de Dieu. Elle vivait tout entière dans le présent, attentive aux personnes qui l'entouraient, comme aussi aux grandes intentions de l'Église en son temps. Les novices au milieu desquelles elle vivait étaient les premières bénéficiaires de sa sollicitude. Elle leur était toute dévouée, toujours prête à les aider dans leur recherche du Seigneur.

Elle savait aussi admirer la beauté des choses les plus humbles. Elle s'arrêtait volontiers devant une rose dans le jardin. La beauté silencieuse de la rose la remplissait d'une joie secrète. La rose ne dit jamais son nom. Elle ne s'inquiète pas d'être connue ou reconnue. Pur reflet d'une beauté qui est au-dessus de tout nom, elle fleurit tout simplement.

Elle vivait tout entière dans le présent,
attentive aux personnes qui l'entouraient.

Jeanne guérit un enfant infirme.

Un jour Jeanne dit à une novice, en lui montrant les rosiers sauvages qui étaient dans la cour du noviciat : « Vous voyez ces rosiers ! Ce sont de petits sauvageons. Vous aussi, vous êtes un petit sauvageon, mais si vous vous laissez bien former, vous deviendrez une belle rose formée par l'amour du bon Dieu. Mais il faut vous laisser humilier. Au lieu de descendre en vous-même, montez vers le bon Dieu. » Merveilleuse définition de l'humilité. Non pas descendre en soi, en se repliant sur soi, mais monter, s'ouvrir, s'épanouir, comme la rose. Dans cette remarque, Jeanne livrait le secret de sa vie, le chemin qu'elle suivait.

Un jour de Noël : devenue enfant avec l'Enfant

C'était l'après-midi du jour de Noël 1864. Jeanne se promenait dans le parc de La Tour, toute à la pensée du grand mystère de cette fête. Elle rencontre en chemin un groupe de jeunes postulantes qui s'empressent de l'entourer. Alors Jeanne laisse déborder sa joie intérieure. Au milieu de ces jeunes qui l'aiment bien, elle se met à chanter avec elles le cantique de Noël de son enfance :

« Il est né, le divin Enfant.
Jouez, hautbois ; résonnez, musettes.
Il est né, le divin Enfant.
Chantons tous son avènement. »

Jeanne rayonnait de la douceur de Dieu. Elle riait. C'était un rire clair d'enfant. En cette fête de Noël, Jeanne était devenue enfant avec l'Enfant. Elle chantait sa joie avec ces jeunes qu'elle venait de rencontrer. Puis elle reprit sa marche solitaire, en continuant de chanter : elle levait et agitait son bâton joyeusement, comme si elle battait la mesure et invitait la création tout entière à chanter avec elle.

L'idéal des Petites Sœurs en question

Depuis les débuts, l'idéal des Petites Sœurs des Pauvres était de vivre pauvrement avec les pauvres gens, en ne dépendant que de la générosité des bienfaiteurs, c'est-à-dire de la quête. C'était un chemin de confiance totale en Dieu, vécue au jour le jour. Jeanne en avait donné l'exemple.

Le touriste anglais qui l'avait visitée lors de la fondation de la maison de Dinan, avait noté : « Elle ne savait pas d'où lui viendraient les provisions du lendemain, mais elle persévérait avec la ferme persuasion que Dieu n'abandonnerait jamais les pauvres. »

Au fil du temps, la congrégation se voyait offrir des legs de plus en plus nombreux. La tentation était grande de convertir ces legs en une source de revenus fixes. À vue humaine, c'était la sécurité assurée, celle des maisons et de leurs hôtes.

Un choix s'impose

Fallait-il s'engager sur cette voie ? En 1865, la question se posa à propos d'un legs important. Le comte de Bertou, un ami, qui aidait les Petites Sœurs dans la gestion financière de leurs maisons, les mit clairement devant leurs responsabilités. Elles devaient choisir : ou bien la voie humaine de la sécurité, celle des revenus fixes, ou bien la voie de la quête, c'est-à-dire de la confiance totale en Dieu, vécue au jour le jour. Dans ce dernier cas, les legs devaient être considérés comme de simples dons.

Elle ne savait pas d'où lui viendraient
les provisions du lendemain, mais elle persévérait
avec la ferme persuasion
que Dieu n'abandonnerait jamais les pauvres.

Scène de quête.

L'instant de vérité

Les Petites Sœurs hésitaient entre les deux voies. Conscientes de la gravité de l'enjeu et en désespoir de cause, elles se tournèrent vers Jeanne. On se souvint de la petite sœur de l'ombre, la première des Petites Sœurs. Ce recours à Jeanne, en cette circonstance, était une reconnaissance implicite de son charisme fondateur.

Loin de triompher, Jeanne fut toute surprise et confuse de se voir convoquer au « conseil »: « Je ne suis qu'une pauvre ignorante, déclara-t-elle. Que puis-je dire? » Maintenant qu'elle avait tout remis entre les mains de Dieu, elle estimait qu'elle n'avait plus rien à dire. Devant l'insistance des sœurs, elle obéit et vint au « conseil ».

Elle donna son avis. Pour elle, aucune hésitation. La voie était toute tracée. C'était celle de la confiance en Dieu. Il fallait renoncer à tout revenu fixe.

L'avis de Jeanne prévalut. La congrégation s'engageait à ne posséder aucune rente. En bas de l'acte officiel, signé par les membres du « conseil », Jeanne apposa, elle aussi, sa signature: l'unique signature, l'unique écrit que nous ayons d'elle.

La séance terminée, Jeanne reprit le chemin de l'ombre; elle regagna sa place parmi les novices, se replongeant dans le silence et l'oubli, comme le poisson dans l'eau.

Les vraies fondations

En privant Jeanne de toute activité extérieure et en la reléguant parmi les novices, l'abbé Le Pailleur ne se doutait pas qu'il lui offrait un terrain privilégié où elle allait exercer, sans bruit et même à son insu, mais de la façon la plus profonde, son charisme fondateur.

Les vraies fondations sont toujours cachées: elles s'enfoncent dans le sol. Par le rayonnement de sa vie et de son esprit, Jeanne a marqué de son charisme toutes les jeunes postulantes et novices qui passèrent à La Tour durant ces vingt-trois années.

La paix du soir

Beaucoup de saints et de saintes sont morts jeunes. Ils n'ont pas connu l'usure du temps, l'épreuve de la vieillesse avec ses infirmités, ses dépendances et ses solitudes.

En 1873, Jeanne, âgée de quatre-vingt-un ans, dut s'aliter plusieurs semaines. Elle guérit, mais sans retrouver sa vigueur. Ses déplacements devinrent de plus en plus pénibles. Les dernières années de sa vie, elle les passera dans la chambre de l'infirmerie.

Presque aveugle, elle ne peut plus ni lire ni coudre. Elle prie, le chapelet à la main. Toujours lucide, le visage de plus en plus diaphane et rayonnant de sérénité. « Quand vous serez vieille, dit-elle un jour à une novice, vous ne verrez plus rien. Moi je ne vois plus que le bon Dieu… Il me voit, cela suffit. »

Le sculpteur Aimé-Jules Dalou (1838-1902) a voulu exprimer par son art ce moment de la vie de Jeanne, cette sérénité et cette plénitude silencieuses au terme de son long chemin vers Dieu. Il l'a représentée assise, revêtue de sa grande cape, la tête encapuchonnée. On ne voit d'elle que le visage et les mains. Un visage aux traits fins et détendus, les yeux baissés. La main droite posée sur le genou s'entrouvre pour accueillir l'Invisible. Ce n'est plus Jeanne, l'infatigable quêteuse de pain pour les pauvres, avec son panier au bras. Non, c'est Jeanne, la mendiante de Dieu, et déjà toute enveloppée du grand manteau de sa miséricorde. C'est le soir. Le soir d'une vie tout abandonnée et qui attend paisiblement l'heure de la rencontre bienheureuse.

À la porte du chapitre

En juillet 1878, un an avant la mort de Jeanne, le chapitre général des Petites Sœurs se tient à La Tour. Il rassemble cent trente-sept sœurs capitulaires, représentant les cent soixante-dix maisons que comptait alors la congrégation. Un chapitre est toujours un moment important dans la vie d'un institut. Et le moment solennel entre tous est celui de l'élection de la supérieure générale qui sera chargée de mettre en œuvre les décisions du chapitre.

Ce moment était venu. Devant la porte de la grande salle où se déroulait l'élection, se tenait rassemblé le groupe des novices qui attendaient que la porte s'ouvrît, toutes prêtes à entrer pour entonner le *Te Deum* d'action de grâces.

L'attente se prolongeait. Surprise ! Voici venir, soutenue par une sœur, Jeanne en personne, souriante et amusée de se trouver, elle aussi, à la porte du chapitre. La situation avait quelque chose de surréaliste : la fondatrice, la première des Petites Sœurs, âgée de quatre-vingt-six ans, attendant, comme la dernière des novices, que la porte du chapitre s'ouvrît.

« Eh oui, dit Jeanne à l'une des novices étonnée, je suis ici à attendre avec vous… Et pourtant je devrais être dedans ! »

En vérité, Jeanne attendait dans son cœur qu'une autre porte s'ouvrît devant elle, pour chanter un autre *Te Deum*, celui-là éternel.

Une grande joie fut donnée à Jeanne avant de franchir cette ultime porte. Le 1er mars 1879, le pape Léon XIII approuvait pour sept ans les constitutions des Petites Sœurs.

1879, mort de Jeanne : « Père éternel, ouvrez vos portes aujourd'hui »

Vint l'été de cette même année. Jeanne s'affaiblissait de plus en plus. Le 27 août, elle se confessa une dernière fois. Le lendemain matin, après la messe, elle souffrit d'un malaise. Elle reprit conscience et reçut le

Les vraies fondations sont toujours cachées :
elles s'enfoncent dans le sol.

Le pape Léon XIII approuve les constitutions.

sacrement des malades. On l'entendit murmurer cette prière :

« Père éternel, ouvrez vos portes aujourd'hui à la plus misérable de vos petites filles mais qui a si grande envie de vous voir. » Puis elle ajouta : « Ô Marie, ma bonne mère, venez à moi, vous savez que je vous aime et que j'ai bien envie de vous voir. »

Ce furent ses dernières paroles. Elle s'éteignit tout doucement. Elle avait quatre-vingt-sept ans. La porte du Royaume de lumière et de paix, promis aux petits, venait de s'ouvrir toute grande devant elle.

L'ange emporte l'âme de Jeanne vers le Ciel.

II

Le secret d'une vie

Une femme d'action

Ce qui frappe, à première vue, dans la vie de Jeanne, c'est assurément son action, son œuvre. Sans ressources et sans publicité, cette femme, issue d'un milieu très modeste, a réussi en peu de temps à créer, à travers la France et au-delà, tout un réseau de maisons d'accueil pour les personnes âgées et démunies. Et elle a su communiquer son dynamisme et sa flamme à une multitude de personnes entièrement dévouées à la même cause. C'est là un fait surprenant.

Inventive, entreprenante et entraînante, Jeanne est, au sens plein du mot, une femme d'action. Elle ne fait pas de grands discours, elle n'écrit aucun ouvrage. Elle agit.

Et cette action est vraiment créatrice, prophétique même. L'ouverture de maisons de retraite pour les personnes âgées les plus démunies, où elles étaient non seulement logées, nourries et soignées, mais aussi entourées, respectées, constituait à l'époque une véritable innovation. Il n'existait alors ni retraites ni Sécurité sociale. Les pauvres gens étaient abandonnés à eux-mêmes. En répondant à une vraie nécessité sociale, Jeanne faisait preuve de lucidité et de courage. Elle voyait loin, très loin. Le pape Jean-Paul II l'a bien souligné dans son homélie, lors de la cérémonie de béatification : « On peut dire qu'elle avait reçu de l'Esprit comme une intuition prophétique des besoins et des aspirations profondes des personnes âgées », déclare le pape. Et il précise ces besoins et ces aspirations dont Jeanne a eu une intuition prophétique : « Ce désir d'être respectées, estimées, aimées ; cette appréhension de la solitude en même temps que le souhait d'un espace de liberté et d'intimité ; cette nostalgie de se sentir utiles ; et très souvent une volonté d'approfondir les choses de la foi et d'en mieux vivre… »

Son action est portée
par un grand souffle de foi et d'amour.

Jeanne soigne la pauvre infirme qu'elle vient d'accueillir.

Une mystique de l'action

Où Jeanne puise-t-elle cette lucidité et ce courage?

Lorsqu'on s'interroge sur le ressort de son action et sur la source de ses intuitions créatrices, on s'aperçoit très vite que son action est portée par un grand souffle de foi et d'amour. Elle jaillit tout entière de ce foyer intérieur où Jeanne vit en communion profonde avec ce Dieu qui se révèle à elle comme un « Buisson ardent ».

À la source de l'action de Jeanne et de ses intuitions, il y a cette communion avec Dieu, vécue comme une communication de vie qui s'offre à elle gratuitement et qui, à travers elle, veut se transmettre, rayonner, agir.

Et Jeanne agit en effet avec l'intime conviction de faire l'œuvre de Dieu. Elle est emportée dans ses profondeurs par cette force d'amour qui la pousse à l'action.

L'œuvre de Dieu

Très tôt Jeanne eut cette intime conviction que Dieu l'appelait à réaliser une œuvre particulière. Elle n'avait alors que vingt-quatre ans. Et déjà à sa mère qui s'étonnait de la voir refuser la demande en mariage que lui adressait un jeune marin, elle explique : « Dieu me veut pour lui. Il me garde pour une œuvre qui n'est pas encore connue. »

Quelle est donc cette œuvre ? Jeanne ne le savait pas encore. Elle attendra longtemps, jusqu'à l'âge de quarante-sept ans, avant que Dieu lui fasse signe. Elle ne s'impatientera pas. Il ne lui appartenait pas de s'inventer une œuvre. Elle devait simplement se tenir disponible, prête à répondre. Et Dieu, en silence, la préparait. Il lui avait donné un grand cœur. Cela faisait partie de ses qualités naturelles. On le constate très vite. À La Mettrie-aux-Chouettes où elle fut placée à l'âge de quinze-seize ans, comme aide-cuisinière, elle était heureuse quand la maîtresse de maison l'invitait à visiter des familles indigentes ou des vieillards isolés, des environs. Heureuse de leur apporter un peu de tendresse et de bonheur par sa présence et son attention. Et quand elle vient à Saint-Servan, elle s'engage à l'hôpital du Rosais au service des malades les plus pauvres. Manifestement, il y avait en elle comme un attrait puissant qui la poussait à soulager les personnes en détresse.

Peu après son arrivée à Saint-Servan, Jeanne eut le bonheur de suivre une mission prêchée, dans l'église paroissiale Sainte-Croix. Ce fut pour elle la révélation du grand amour de Dieu à travers le cœur du Christ. Le cœur de Jeanne vibre et s'embrase. Encore quelques années, et voici venue l'heure où Dieu, enfin, lui fait signe. Nous sommes au début de l'hiver 1839.

Jeanne découvre une pauvre femme, aveugle et infirme ; cette pauvresse vient de perdre sa sœur, son seul soutien. La voilà désormais seule, abandonnée. Jeanne s'émeut et la prend chez elle. Cet acte ouvre la vie de Jeanne au grand souffle de l'amour de Dieu. Ce souffle va l'entraîner toujours plus loin. Désormais, elle sait ce que Dieu veut d'elle. Aucune hésitation. Aucun retour sur elle-même. Elle va droit devant elle, tout entière à l'œuvre que Dieu attend d'elle. Elle accueille une deuxième personne, puis une troisième. Et Dieu œuvre avec elle, en lui apportant les aides nécessaires. D'où l'audace et la lucidité de Jeanne.

Une âme à la fois agissante et « agie »

On voit l'erreur que l'on commettrait à présenter Jeanne comme une femme réalisant par ses propres forces un idéal purement humanitaire. En elle, par contre, se réalise à la perfection ce que Bergson écrit du mystique chrétien, dans *Les Deux Sources de la morale et de la religion* : « Il a senti la vérité couler en lui de sa source comme une force agissante. Il ne s'empêcherait pas plus de la répandre que le soleil de déverser sa lumière. [...] Disons que c'est désormais, pour l'âme, une surabondance de vie. C'est un immense élan. C'est une poussée irrésistible qui la jette dans les plus vastes entreprises. Une exaltation calme de toutes ses facultés fait qu'elle voit grand et, si faible soit-elle, réalise puissamment. Surtout elle voit simple, et cette simplicité, qui frappe aussi bien dans ses paroles et dans sa conduite, la guide à travers des complications qu'elle semble ne pas même apercevoir. Une science innée, ou plutôt une innocence acquise, lui suggère ainsi du premier coup la démarche utile, l'acte décisif, le mot sans réplique. L'effort reste pourtant indispensable, et aussi l'endurance et la persévérance. Mais ils viennent tout seuls, ils se déploient d'eux-mêmes dans une âme à la fois

Une exaltation calme de toutes ses facultés
fait qu'elle voit grand et, si faible soit-elle,
réalise puissamment.

agissante et “agie”, dont la liberté coïncide avec l'activité divine. Ils représentent une énorme énergie, mais cette énergie est fournie en même temps que requise, car la surabondance de vitalité qu'elle réclame coule d'une source qui est celle même de la vie... »

Un torrent de vie qui bondit vers sa source

Cette force de vie continuera d'habiter Jeanne et de la soutenir, alors même qu'on la dépouillera de son œuvre en lui interdisant toute activité et en lui retirant toute responsabilité au sein de la congrégation qu'elle a fondée. Elle souffrira de se voir confisquer son œuvre, mais elle ne s'effondrera pas, elle ne se repliera pas sur elle-même dans l'amertume. Elle ne se révoltera pas non plus. L'élan de vie qui la portait en avant se tourne maintenant, et avec la même force, vers sa source. Et Jeanne se laisse porter. Dieu est là, toujours à l'œuvre. Mais c'est Jeanne à présent qui devient l'œuvre de Dieu.

Un mystère d'amour et de pauvreté

Jeanne entre dans ce mystère d'amour et de pauvreté. Un mystère qui se vit dans le silence, l'humilité et

Dieu est là, toujours à l'œuvre.
Mais c'est Jeanne à présent qui devient l'œuvre de Dieu.

Jeanne prononce ses vœux perpétuels.

l'adoration. Il est difficile d'imaginer plus grand dépouillement que celui que Jeanne a connu. Fondatrice d'une œuvre qui suscitait l'admiration de tous, des journalistes comme de l'Académie française et même de la Loge maçonnique, Jeanne se voit dépouillée brutalement de cette œuvre, reléguée à la dernière place, vouée au silence et à l'oubli…

Jeanne accepte ce dépouillement qui durera vingt-sept ans, jusqu'à sa mort. Sans une protestation, mais non sans souffrance.

Il n'est jamais facile d'accepter d'être traitée comme une personne insignifiante, surtout quand on a été l'artisan d'une telle œuvre ! Plus difficile encore de reconnaître la main de Dieu dans une telle injustice. Et surtout d'accepter de bon cœur, quand il s'agit de Jeanne, de ne plus jamais voir le visage d'un pauvre.

Mais Jeanne comprend que Dieu lui demande maintenant de renoncer à l'œuvre à laquelle elle s'était donnée totalement : désormais, c'est elle-même qui est appelée à devenir l'œuvre de Dieu.

Message ultime, message sublime

Au milieu des novices et partageant leur vie au jour le jour, Jeanne, loin de s'enfermer sur elle-même, rayonne par son attention et sa présence à chacune d'elles, par son entrain et sa simplicité. Et, à son insu, elle leur révèle et leur communique son charisme fondateur : « Soyez petites, faites-vous petites », aime-t-elle leur dire. Elle leur exprimait par là tout simplement ce qu'elle vivait elle-même et qui la rendait si présente, si proche. Être petite pour être proche des plus humbles. « Notre bonheur, disait-elle encore, c'est d'être une petite sœur des pauvres. Rendre les pauvres heureux, c'est tout. »

Un pauvre n'est pas heureux simplement parce qu'il est logé, nourri et soigné, mais aussi et surtout parce qu'à travers les soins qu'on lui procure, il se voit aimé et considéré. Sans cette relation de proximité et d'amour, qui seule peut arracher un être à la solitude et lui redonner un nom et un visage, la maison de retraite, si bien organisée soit-elle, est triste. Et parfois triste à en mourir. Un pauvre n'est pas seulement un dossier médical que l'on suit de loin.

« Rendre les pauvres heureux », tel est le charisme des Petites Sœurs des Pauvres. Vivant au milieu d'eux, toute distance abolie, elles sont appelées à être, pour chacun d'eux, la révélation de la tendresse de Dieu. Les Petites Sœurs des Pauvres seront, en toute humilité, cette merveilleuse épiphanie de la Tendresse de Dieu pour la Terre. Ou elles ne seront plus vraiment les Petites Sœurs des Pauvres.

Le chant du pauvre : « Dieu soit béni en tout ! »

Jeanne a délivré son message essentiel. Maintenant son cœur est tout à la louange. C'est trop peu de dire que dans son cœur il n'y a aucune rancune, aucune amertume. Elle s'émerveille de tout ce qui se fait de beau autour d'elle, à La Tour et dans la congrégation. Et cela, avec plus de joie encore que si c'était son œuvre à elle. Elle admire les nouvelles constructions, l'église toute neuve, le nombre croissant des novices, l'essor de la congrégation dans le monde. Elle y voit l'œuvre de Dieu. Et le cœur de Jeanne se réjouit. C'est la joie d'un cœur de pauvre : une joie qui s'exprime dans la louange. « Il faut toujours dire : Dieu soit béni », répète-t-elle au soir de sa vie, alors que la lumière du Royaume pénètre déjà l'intime de son cœur.

Si Jeanne est canonisée aujourd'hui et se voit proposée en exemple, ce n'est certes pas parce qu'elle a subi un sort humiliant et injuste – beaucoup d'autres ont connu ce destin malheureux –, mais en raison de la manière dont elle a vécu cette humiliation et ce dépouillement et qui laisse voir en elle l'œuvre lumineuse de Dieu dans sa pureté et son éclat.

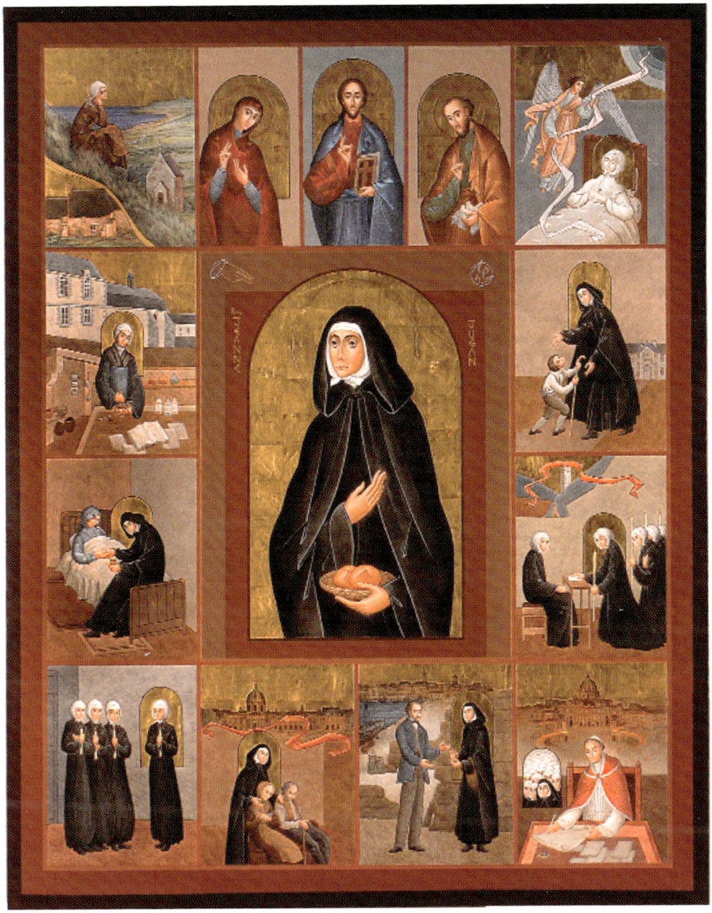

Dieu soit béni en tout !

Icône peinte en 2004 par
George Pinecross.

Prière par l'intercession de Jeanne Jugan

Jésus,

Toi qui as tressailli de joie et béni ton Père d'avoir révélé aux tout-petits les mystères du Royaume des cieux, nous te remercions des grâces accordées à ton humble servante Jeanne Jugan à qui nous confions nos demandes et nos besoins.

Père des Pauvres,

Toi qui n'as jamais repoussé la prière des petits, entends, nous t'en supplions, l'appel qu'elle t'adresse pour nous.

Nous te le demandons, Jésus, par Marie, ta Mère et la nôtre. Toi qui règnes avec le Père et le Saint-Esprit, maintenant et pour les siècles des siècles. Amen.

Bibliographie

ALLARD, Sœur Élisabeth, *Ce que disait Jeanne Jugan,* La Tour Saint Joseph, 1962-1993, traductions : anglais, espagnol, italien, néerlandais, maltais, portugais, coréen.

GARRONE, Gabriel-Marie, *Ce que croyait Jeanne Jugan,* Mame, 1974, La Tour Saint Joseph, 1993, traductions : anglais, espagnol, italien.

LAFON, Michel, *Prier quinze jours avec Jeanne Jugan, fondatrice des Petites Sœurs des Pauvres,* Nouvelle Cité, 2003, traduction : portugais.

LECLERC, Éloi, *Jeanne Jugan, le Désert et la Rose,* Desclée de Brouwer, 2000, traductions : anglais, espagnol, italien, coréen.

MILCENT, Paul, *Jeanne Jugan, humble pour aimer,* Le Centurion, 1978-1996, traductions : anglais, espagnol, italien, néerlandais, portugais, chinois, marathi, arabe, coréen.

MILCENT, Paul, *Jeanne Jugan, fondatrice des Petites Sœurs des Pauvres,* La Tour Saint Joseph, 1982, traductions en de nombreuses langues.

ROYER, Eugène, *Sur les grèves de misère, Jeanne Jugan en son temps, en tous les temps* (jeu scénique), 1980, traductions : anglais, espagnol, italien.

SIGAUT Marie-Hélène/BERTHIER René, *Au service des aînés, Jeanne Jugan et les Petites Sœurs des Pauvres* (bande dessinée), Fleurus, 1989 ; Le Rameau, 1996, traductions : anglais, espagnol, italien, portugais, néerlandais, turc.

Toute ma gratitude aux Petites Sœurs des Pauvres
pour le choix des illustrations
et le traitement informatique du texte.

Les photos ont été réalisées par M. Willy Berré.

Table